KB001478

작은 빛

헌사 페이지의 마리아 미첼의 말은 다음의 책에서 인용하였습니다.
Maria Popova, *Figuring*, Canongate Books, 2020. (번역서:
마리아 포포바, 진리의 발견, 지여울 역, 도서출판 다른, 2020.)

작은 빛

A SMALL LIGHT

삶에 별빛을 섞으십시오.

마리아 미첼

MINGLE THE STARLIGHT WITH YOUR LIVES.

MARIA MITCHELL

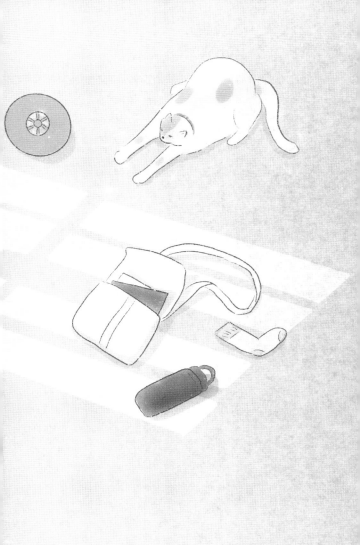

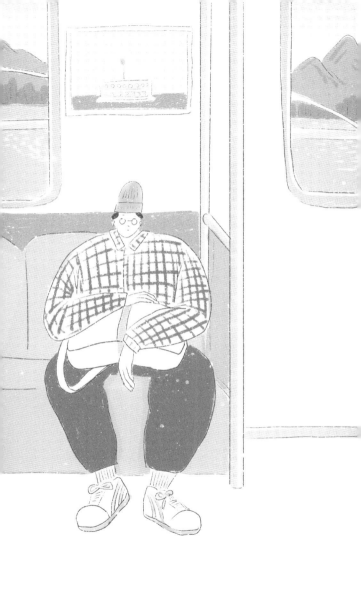

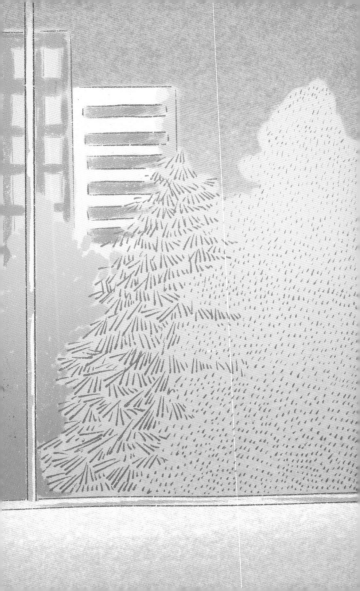

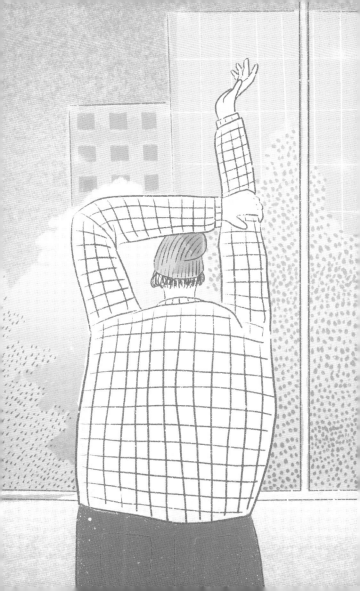

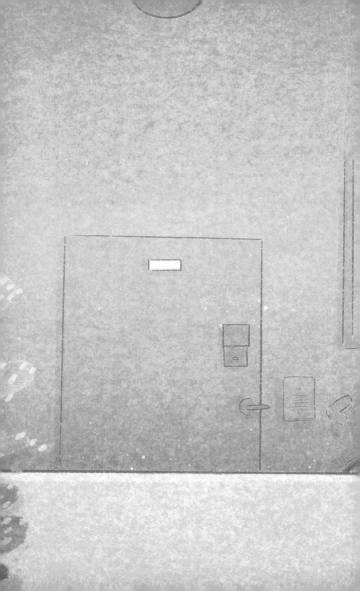

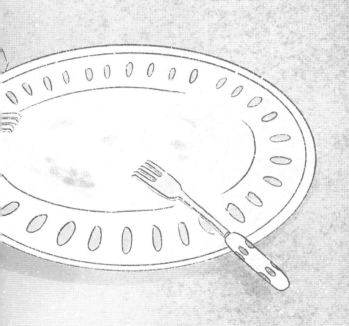

보통의 하루 끝에 만난 작은 빛이 큰 위안이
되길 바라며. 마음이 마음에게.

WISHING A SMALL LIGHT AT THE END OF
AN ORDINARY DAY BECOMES A BIG COMFORT.
DEAR MY DEAR.

작은 빛

1판 1쇄 찍음 2022년 8월 30일
1판 1쇄 펴냄 2022년 9월 14일

지은이. 윤여준   편집. 윤여준   디자인. 혜정 백
종이. 이오코프   인쇄/제작. ㈜동인AP   물류. 북스테이

표지. 클래식텍스처-스티플 코발트 118 g
내지. 랑데뷰 내츄럴 160 g
띠지. 매직쉐도우 백색 200 g

펴낸이. 윤여준   펴낸곳. 쥬쥬베북스
출판등록. 2022-000223호(2022년 2월 17일)
주소. 서울 마포구 신촌로2길 19 320호
전자우편. studiojujube.seoul@gmail.com

ISBN 979-11-978313-0-0
979-11-978313-2-4 (세트)
14,500원